THÈSE

POUR

LA LICENCE.

UNIVERSITÉ DE FRANCE. — ACADÉMIE DE RENNES.

FACULTÉ DE DROIT.

THÈSE POUR LA LICENCE.

*JUS ROMANUM	....	De Locato Conducto.
DROIT FRANÇAIS.	CODE NAPOLÉON......	Du Louage des biens ruraux.
	DROIT ADMINISTRATIF..	Des Servitudes militaires.

Cette thèse sera soutenue le vendredi 11 août 1854, à sept heures du matin,

Par M. de la BINTINAYE (Anatole-Marie-Armand),

Né à Rennes (Ille-et-Vilaine), le 20 février 1833.

Examinateurs,

MM. HUE, BIDARD, DE CAQUERAY, GOUGEON, professeurs.

RENNES,

IMPRIMERIE DE CHARLES CATEL ET Cie,
rue du Champ-Jacquet, 25.

1854

A mon Père et à ma Mère.

A mon Frère et à ma Sœur.

JUS ROMANUM.

De Locato Conducto.

(Dig., liv. XIX, tit. ɪɪ; — C., liv. IV, tit. ʟxv; — Inst., liv. ɪɪɪ, tit. xxɪv; —
Gaii Comm. III, §§ 142-147)

Aut re, aut verbis, aut litteris, aut consensu apud Romanos contrahitur obligatio. Inter contractus, qui solo consensu perficiuntur, locationis et conductionis contractum invenimus, cujus in tribus partibus naturam, proprias actiones et finiendi modum exponemus.

PARS PRIMA.

DE NATURA CONTRACTUS LOCATIONIS ET CONDUCTIONIS.

Locatio et conductio proxima est emptioni et venditioni, et iisdem juris regulis constitit : nam ut emptio et venditio ità contrahitur si de pretio convenerit, sic et locatio conductio contrahi intelligitur, si de mercede convenerit. Adeò autem familiaritatem aliquam habere videntur emptio et vinditio, item et locatio conductio ut in quibusdam quæri soleat utrum emptio et venditio sit an locatio conductio. Magni autem refert duos contractus separandi, nam varii sunt effectus.

Locatio et conductio est contractus quo de re fruendà vel faciendà pro certo pretio convenit. Is contractus consensu fit, pro pretio, bonâ fide, mutuamque trahit obligationem

Tria numerabimus genera locationis-conductionis : primum est locationis rerum contractus, quo ille qui vocatur *locator* obligationem contrahit certæ rei usum pro certo pretio ad alterum dandi, qui *conductoris* nomine appellatur. Secundus contractus locationis-conductionis est operarum, quo locator obligationem contrahit suas operas, sua officia, suamque industriam præstandi pro quâdam mercede à conductore solvendâ : verbi gratiâ de pretio convenio cum mercenario quodam ut murum meum conservet, deniquè ut reficiat quod jam existit, et non ut aliquid novi faciat. Tertium locationis genus est operis faciendi contractus, quo conductor obligationem contrahit novum opus struendi pro certâ mercede à locatore solvendâ. Ità cum architectâ convenio ut mihi domum extruat, cum artifice ut picturam vel statuam faciat. Illa est inter istud genus contractus et dua suprà exposita differentia, ut in isto conductor mercedem accepit, dùm in duobus aliis contrà solvebat.

Diversis locationis generibus quædam sunt nomina proprià : ità, qui agros conducit, dicitur *colonus ;* qui ædes, *inquilinus ;* qui vectigalia, *publicanus ;* qui opus, *redemptor ;* deniquè qui operas locat, *mercenarius* appellatur.

Eadem necessaria sunt contractui locationis-conductionis, quæ sunt emptioni et venditioni : res quæ fruenda aut facienda conceditur; pretium quo pro eâ fruendâ vel faciendâ convenit; et consensus. Ista duarum voluntatum concordia ferre debet et in pretio et in re locata. Ex hoc principio ut ad locationis substantiam pertinet pretium, videmus ut locatio donationis causâ contrahi non potest. Non necessarium est ut pretium in pecuniâ numeratâ consistat, sed bonum est quoque in certâ fructuum quantitate, quos fert res locata. Ut validum sit, certum esse debet et serium. Ità si quis pro nummo uno rem, quæ mille valet, conduxerit, conductio nulla est, quia nihil aliud esset quàm donatio : ideò ob eamdem rationem locatio nulla est si vir uxori rem aliquam viliùs locaverit. Non desideratur autem in pretio exactissima equitas, et ideò prætextu minoris pensionis, locatione factâ, rescindi locatio non potest, si nullus dolus ab adversario probari possit. Dubium est si pretium alii arbitrio relinqui posset.

Ex hoc quod suprà de consensu diximus, si quis decem tibi locet fundum, tu autem existimes quinque te conducere, nihil agitur : sed etsi

:o minoris me locare sensero, tu pluris te conducere, utiquè non pluris
it conductio sed quanti ego putavi.

Magnam esse similitudinem diximus inter locationem et venditionem :
iqua etiam est differentia : istud in paucis exponam. Verbi gratiâ enim
cum aurifice mihi convenerit, ut is ex auro suo annulos mihi faceret
rti ponderis certæque formæ, et acceperit trecenta, utrum emptio et
nditio sit, an locatio et conductio ? Sed placet unum esse negotium et
agis emptionem et venditionem esse. Quod si aurum ego dedero, mer-
de pro operâ constitutâ, dubium non est quin locatio et conductio sit.
eo autem differunt venditio et locatio, quod in emptione et venditione
ic agitur ut rei dominium in te transferre debeam, in locatione-conduc-
ine id tantùm agitur, ut re meâ fruaris, vel ex eâ aliquid facias : cæte-
m non solet locatio dominium mutare, et ex hoc principio ut locatio-
inductio dominium non transfert, magnæ decurrunt consequentiæ. Tibi
imum locavi ; dùm currit locatio, fortuito casu destruitur, cælesti igne
itur : in quo damnum cadit ? Conductor liberatus est, nam certum cor-
is fortuito casu periit, sed ex aliâ parte nullas compensationes à locare petere potest ob eumdem fortuitum casum. Sed alia agitur quæstio :
ic rem conductor, nec compensationes locator debet : locatio autem
er plures annos adhùc currit, pretiumne conductor solvere continuet ?
imus ut in emptione emptor pretium debet, eamdemne admittemus so-
tionem ? Si conductor pretium solvat, clarè ut est ille aleas et pericula
stinet ut emptor : sin autem nihil vindicare locator possit, in eo cadunt
ericula. Nihil vindicare potest. Maxima igitur apparet inter venditionem
locationem differentia. Si enim ex analogiâ uteremur, credere oporte-
t ut conductor generis cujusdam debitor sicut emptor pericula sustinere
ebet ; sed aliter evenit, et differentia differentibus quoque obligationibus
rovenit.

Locator usum præstare debet conductori, istiusque mercedem solvendi
bligatio subjecta est huic locatoris officio : deficiente causâ, cessat ef-
ctus. In tot partes dividitur merces, quot sunt dies locationis : si di-
idia pars locationis cucurrit, dimidia quoque pars mercedis debetur.
t statim istè non præstetur usus, pretium conductor debere cessat. Si de
catione operarum agatur et faber, qui pretio bracchia sua locavit, muti-
tus sit, vel in morbum incidat, quid evenit ? Locatorne compensationes
indicare poterit ? Nullo modo, nam nulla est conductoris culpa : non
item iste vindicare poterit mercedem, nam operas suas non præstavit.

Quisque fortuito casu suâ obligatione liberatur. Deniquè videamus quid fiat de locatione operis faciendi, id est, casus in quo redemptor novum opus faciendum locat. Tibi centum promisi, si mihi domum ædificaveris : in hoc contractûs genere, qui domûs dominus erit locator est, et redemptori, cui tribuitur merces, datur nomen conductoris. Si fortuito casu in eo statu incidat redemptor, ut illi impossibile sit opus conficiendi, isto fortuito casu liberatur. Quid, si verbi gratiâ domus structa corruat? Discrimen faciendum est. Si istud damnum purè est fortuitum veluti soli tremore, nulla est difficultas, locator damnum patitur : conductor enim operas suas, officia, bonamque fidem præstavit, non pro terræ motibus aut fulgure spondere potest. Sed quandò damnum malâ domûs structurâ provenit, duo discernendi sunt casus : locatorne domum acceperit, damnum patitur; si autem non acceperit, conductori incumbit. Si partim perierit, jus habet conductor eámdem petendi mercedis partem quàm istam quæ domûs pars manet; ità si dimidia pars domûs perierit, dimidiam partem pretii vindicare potest.

Quædam sunt conventiones in quibus dubium est, utrum emptionem an locationem producant. Ità apud Gaïum, C. III, § 145, videmus : « Adeò autem emptio et venditio et locatio et conductio familiaritatem aliquam inter se habere videntur, ut in quibusdam causis quæri soleat, utrum emptio et venditio contrahatur, an locatio et conductio, veluti si qua res in perpetuum locata sit. Quod evenit in prædiis municipum quæ ex lege locantur, ut quamdiù id vectigal præstetur, neque ipsi conductori neque heredi ejus prædium auferatur, sed magis placuit locationem et conductionem esse. » Quùm enim istæ concessiones ferè perpetua erant, contractus emptionis-venditionis videbantur, sed quùm ex aliâ parte ille qui concedebat obligationem servabat usum procurandi, iste conventus videbatur esse locatio-conductio. Et ista deniquè opinio prævaluit, sicut dixit Gaïus : « Sed magis placuit locationem-conductionemque esse. » Gaïus posteà, § 146 gladiatorum commercium spectat. Tibi trigenta gladiatores eâ lege trado, ut in singulos, qui integri exierint, pro sudore denarii viginti mihi darentur, in eos vero singulos qui occisi aut debilitati fuerint, denarii mille. Quæritur utrum emptio et venditio an locatio et conductio contrahatur ? Respondet Gaïus locationem esse eorum qui integri exierint, emptionem autem eorum qui occisi aut debilitati sunt. Ex accidentibus tantùm contractûs genus apparet, tanquàm sub conditione facti. Aliùd adhuc exemplum apud Gaïum, § 147 et Inst., titre XXIV, § 4, videmus. Non inutile est casus dividendi qui ad emptionem vel ad locationem pertinent. Scimus enim magni referre utrum sit emptio an locatio, quùm in quoque contractu variè sustineantur aleæ et pericula rei.

Contractui locationis-conductionis accedere solent pignora et fidejussores. Tacitâ reconductione novata ferè semper videntur pignora, liberati autem sunt fidejussores.

Quædam ad locationes fundorum pertinent regulæ : convenit sœpè ut si fundus malè colatur, ad alium locabitur, et damna primus conductor debebit. Ejusdem generis conventio dicere potest ut colonus totis viribus nitetur, ut neque amputatæ, neque corticæ denudatæ, neque combustæ sint arbores.

Ad locationes operarum hæc tria pacta pertinent · primum est illud quo convenit ut opus arbitratu domini approbètur. Secundum : si lege operis locandi comprehensum esset, si ad diem effectum non esset, relocari id liceret. Tertium : si quis domum conduxisset, et ad refectionem aliquarum istius partium de certà nummorum summà· conventum esset. Labeoque dicit istam illi summam deberi.

—————

PARS SECUNDA.

DE ACTIONIBUS LOCATI-CONDUCTI.

Contractus locationis ultrò citròque actiones parit : scilicet actionem locati quæ locatori adversùs conductorem competit, actionem conducti, quæ conductori datur adversùs locatorem. Aliquandò tamen claudicat contractus : nam interdùm locator non obligatur, conductor obligatur : veluti quum emptor fundum conduxit, donec pretium exsolvat.

SECTIO PRIMA.

De actione locati.

Actio locati quæ locatori tribuitur triplicem producit effectum : 1° Tendit ad mercedem locatori tribuendam; 2° ex eâ cogi potest conductor ut omnia secundùm conductionis legem faciat, et si quid in lege prætermissum fuerit, id ex bono et æquo debet præstare; 3° utilis est, ut, finiente contractu, locator rem locatam vel multatitiam pecuniam ex conductore obtineat. In locatione operis faciendi, actio locati datur ut conductor cogatur ad pecuniam solvendam, si non domum ædificet.

Quùm res fruenda locatur, ambiguum non est uter locator dici debeat, et uter proindè est conductor. Quùm autem aliquid faciendum locatur, is principalius videtur locator esse, qui contractum inchoat ; conductor autem videtur qui subsequitur et conditionem sibi oblatam et ratam habet. Palàm est igitur ex eodem contractu utramque actionem concurrere non posse : ex diversis autem contractibus potest. Ex conducto actionem ad heredem transire palàm est, idem de actione locati : non competunt autem actiones ex hoc contractu successori singulari rei locatæ.

Ex his præcipuè causis actio locati datur : 1° ut merces solvatur ; 2° quùm opus faciendum locatum est, hâc actione agitur eo quod vel omninò factum non fuerit, vel non factum eo modo eove tempore quo oportet fieri ; 3° in id etiam competit ut reddatur res quæ fruenda aut facienda locata est, et quidem ut non deterior facta et in eâdem causâ reddatur ; 4° deniquè datur ob quemcumque dolum conductoris. Si quis opus, quod faciendum conduxerat, non fecerit, patet eum hac actione teneri in id quod interest locatoris, quod si tamen vi aliquâ majore facere non potuerat, non debet quidem teneri in id quod interest, sed saltem tenetur ut mercedem acceptam faciat, aut si ipsi prorogata fuerit, restituat. Deniquè ex locato agitur quùm opus non est factum ex lege conductionis, nisi tamen locator ipse concessisset ut aliter fieret. Tenetur conductor actione locati rem conductam reddere locatori : reddi autem debet res non deterior facta ex culpâ conductoris, et in eâdem causâ. Quapropter item prospicere debet conductor ne aliquo vel jus rei, vel corpus rei deterius faciat, vel fieri patiatur. Ità igitur conductor qui rem non restituit aut deteriorem factam restituerit, tenetur, si culpâ ejus argui possit. Celsus etiam imperitiam culpæ annumerandam, l. 8, Dig. scripsit. Maximè autem eorum quorum, in opere quod faciendum conduxit, operâ usus est, culpam conductor præstare debet. Si hoc in locatione convenit, ignemne habeto, et habuit, tenebitur ; etiamsi fortuito casu admisit incendium, quia non debuit ignem habere. In omnibus casibus, condemnatur ex hâc causâ conductor quanti ea res est.

Ex constitutione Zenonis, conductor qui rem conductam detinens, eam usque ad definitivam sententiam non restituerit, præter rem, etiam estimationem rei ad similitudinem invasoris præstare debet.

Commune est omnibus bonæ fidei contractibus, ut in his semper tacita sit ista clausula : dolum malum abesse, abfuturumque esse. Igitur propter quemcumque conductoris dolum, agi cum eo actione locati potest. Illa actio locati .interdum cum actione legis Aquiliæ et pluribus aliis concurrit.

SECTIO SECUNDA.

De actione conducti.

Ex conducto actio conductori datur. Si re quam conduxi, mihi frui non liceat, ex conducto agetur. Interest autem 'per quam et ex quâ causâ conductor prohibetur frui. Etenim si per ipsum locatorem prohibeatur, conductori actio datur, nisi locator aliam habitationem non minùs commodam præstet. Si locator rem quàm locavit, alienaverit, non cavens ut staretur locationi, actio datur. Quotiescumque conductori frui non licet ex causâ post conductionem superveniente et citrà culpam locatoris, competit quidem ei actio conducti, sed in id duntaxat ut merces, ex quo frui non licet, remittatur ; aut si prorogata sit, reddatur.

Si quis timoris causâ emigrasset, debet mercedem necne ? Duæ sunt positiones. Si causa fuisset cur periculum timeret, quamvis periculum vere non fuisset, tamen non debet mercedem : si vero causa timoris justa non fuisset, nihilominus debet. Si per aliquam vim majorem conductor fundi fructus non perceperit, competit ei actio conducti ut merces hujus anni ei remittatur. Ubi autem non aliqua vis major extrinseca, sed naturalis sterilitas arguitur, quantumvis exigua sit fructuum quantitas quam colonus percepit nihil ei remittendum docet Ulpianus. Prætereà necesse est 1° ut damnum quod passus est fuerit immodicum ; 2° ut hoc damnum immodicum non fuerit aliorum annorum ubertate pensatum ; 3° ut casus, per quem evenit, non is fuerit, qui ex speciali pacto aut ex speciali regionis consuetudine colonum spectat. Semper damnum seminis ad colonum pertinet. Apparet autem de eo nos colono dicere qui ad pecuniam numeratam conduxit, nam partiarius colonus quasi societatis jure et damnum et lucrum cum domino fundi partitur.

Si colonus fruitur quidem sed non jam jure conductionis, agit ex conducto ut merces ipsi remittatur. Hinc si colono tuo usum fructum fundi legaveris, usum fructum vindicabit, et cum herede tuo aget ex conducto, et consequetur ut, neque mercedem præstet, et impensas, quas in culturam fecerat, recipiat. Si ex aliquo facto causa conductoris facta sit deterior, potest agi ex conducto, vel ut futurum à conductione discedatur, vel saltem ut aliquid ex mercedibus futuri temporis remittatur. Item, utiliter ex conducto agit, si cui secundùm conventionem non præstentur quæ convenerant, sive prohibeatur frui à domino vel ab extraneo, quem dominus prohibere potest. Ex hâc quoque causâ competit actio ex conducto, si res vitiosa fuerit : verum interest an illud sit vitium quod ignorare non debuerit locator, an illud quod justè ignoraverit. Venit etiam in actione ex conducto, ut conductori facultas præstetur tollendorum eorum quæ in ædes conductas invexit. Verbi gratiâ si in conducto fundo conductor suâ operâ aliquid necessario vel utiliter auxerit, vel ædificaverit, vel instituerit, quùm id non convenisset, ad recipienda ea quæ impendit, ex conducto cum domino fundi experiri potest.

Quid conductor operis hâc actione consequatur ità docet Antoninus : adversùs eos à quibus exstruenda ædificia conduxisti, ex conducto actione contendens, eo judicio quod ut bonæ fidei debetur, cum usuris solitis consequeris. Ità tamen is opus probatum fuerit, quùm per aversionem locatum est, aut quùm in singulos pedes locatio facta est, si fuerit mensuratum, steteritve per locatorem. Paulus dixit : Si soli vitio damnum accidat, locatorem pertinet ; conductorem autem si vitio operis. Ista verò sententia restricta esse debet. Quotiescumque enim opus aliquâ vi aversum est, priusquàm approbatum fuerit, et debuerit, conductori est damnum.

Tenetur conducti actione locator suas operas præstandi. Horrearii qui horrea sua locant ad deponendas mercedes etiam exactæ custodiæ operas locasse intelliguntur : tenet imò Horrearius exactissimâ custodiâ; adeò effracturas præstabit, quùm potuerit eas præcavere, ponendo custodes qui latrones arcerent.

———

PARS TERTIA.

DE CAUSIS ET MODIS LOCATIONIS FINIENDÆ.

Locatio-conductio finitur, finito tempore locationis. Hinc invitos conductores seu heredes eorum post tempora locationis impleta, non esse retinendos sœpè rescriptum est.

ntè autem hoc tempus, finitur quoque locatio rei interitu; item
oluto jure locatoris Ità si quis fructuarius rem locavit, resoluto usus-
ctûs tempore, resolvitur simul locatio : si autem non quasi fructuarius
averit, sed si quasi fundi dominus, tenebitur conductori rem locatam
estandi, vel saltem damna debebit. Finitur etiam locatio-conductio si
locata vendatur, et emptor locationis contractum non servet; item si
 duos annos mercedem conductor solvere omittat; item deniquè si
iductor re locatâ malè utatur.

Non solet morte locatoris aut conductoris resolvi. Locatio tamen, pre-
iive rogatio ità facta, quoad is qui eam locasset dedissetve vellet,
rte ejus qui locavit clarè tollitur.

Ede, quam te conductam habere dicis, si pensionem domino in so-
im solvisti, invitum te expelli non oportet, nisi propriis usibus do-
ius eam esse necessariam probaverit, aut corrigere domum maluerit,
 tu malè in re locatâ versatus sis.

Diximus locationem finiri finito locationis tempore. Attamen, si in
do remanet is, qui ad certum tempus conduxit, finito quoque tempore,
onus est : intelligitur enim dominus quùm patitur colonum in fundo
e, ex integro locare, et hujus modi contractus neque verba neque
ipturam desiderant, sed nudo consensu convalescunt. Et ideò si interim
ninus furere cœperit, vel decesserit, fieri non posse Marcellus ait ut
atio redintegretur.

Urbana autem prædia alio jure reguntur : ut proüt quisque habitaverit,
 obligetur nisi in scriptis certum tempus conductionis comprehensum

---

QUESTIONES.

Quomodò conciliari possunt leges 33, afric., lib. 8. Quæstionum, et 3 in
titutis de emptione et venditione?

Quomodò interpretari oportet leges 55, § 1; Paulus, lib. 2, sententiarum
 horreis infractis et compilatis et 19, § 4. Ulpianus, lib. 32 ad
ctum?

Quomodò conciliari posunt leges, 36, 37, 59 et 62; Instit., lib. III,
 XXIV.

DROIT FRANÇAIS.

CODE NAPOLÉON.

DU LOUAGE DES BIENS RURAUX.

(Livre III., titre VIII, chapitre 11.)

De tous les contrats que l'état de société a rendus nécessaires parmi les hommes, le louage est sans contredit un de ceux dont l'usage se rencontre le plus fréquemment. Né du besoin mutuel de s'entr'aider et du désir naturel de retirer de ce qui nous appartient toute l'utilité, tout le revenu possibles et légitimes, ce contrat puise son origine et sa force dans le droit des gens. Synallagmatique, commutatif comme la vente, il présente sur plusieurs points de grandes analogies avec elle et n'en diffère pour ainsi dire que par le but que se proposent les contractants : dans celle-ci, c'est la totalité de ses droits sur la chose que le vendeur transporte à l'acquéreur; dans l'autre, c'est seulement le droit de se servir pendant un certain temps de sa chose ou de son industrie, que l'un des contractants cède à l'autre (Dalloz.)

Le louage est d'un usage très-fréquent. A quoi nous servirait en effet la

ssession de deux immeubles distants de cent lieues l'un de l'autre, si
us n'avions la faculté de les louer? Il nous serait bien impossible de les
re valoir tous les deux : mais au moyen du contrat de louage rien n'est
is facile, et l'un et l'autre des contractants en tire tous les avantages
'ils peuvent offrir. Chacun s'est choisi une profession, en dehors des
bitudes de laquelle il ne faut pas le faire sortir. Que deviendrait l'homme
études, le magistrat, si on lui disait d'aller labourer sa ferme? Que de-
ndrait de son côté l'agriculteur, s'il ne trouvait pas de terres où exercer
a industrie? Cet état de choses serait ridicule : aussi personne n'y a
ieusement songé. Le louage a dû exister et a existé dans tous les temps.
s que pour un motif ou pour un autre, un homme n'a pas voulu tirer
son fonds par son travail personnel tous les produits qu'il renfermait,
autre homme s'est présenté pour le faire à sa place : de là sont nés
s engagements réciproques que la loi a sanctionnés ; et pour rendre
us facile à tous la connaissance de leurs droits et de leurs devoirs res-
ctifs, le législateur a formulé certaines règles à l'aide desquelles les
pports du locateur et du locataire sont fixés d'une manière certaine et
uitable Mais soigneuse en tout des intérêts de la société, et sentant que,
ivant les diverses régions, les besoins pouvaient cesser d'être les mêmes,
loi, toutes les fois que cela ne lui a pas paru dangereux, a ordonné de
n rapporter aux coûtumes du pays.

Notions préliminaires.

Nous n'avons à nous occuper que de l'un des deux contrats qui con-
tuent le louage des choses, du contrat de louage de biens ruraux. Avant
entrer dans notre matière, il est certains principes communs aux deux
pèces de louage et en formant pour ainsi dire l'essence, la nature, que
us ne pouvons nous dispenser d'exposer.
Avant toutes choses, définissons notre contrat. L'art. 1709 nous dit :
*Le louage des choses est un contrat par lequel l'une des parties s'oblige à
ire jouir l'autre d'une chose pendant un certain temps, et moyennant un
ix que celle-ci s'oblige à lui payer.* » Celui qui s'oblige à faire jouir s'ap-
lle locateur ou bailleur, l'autre s'appelle conducteur, preneur, colon ou
rmier dans le cas de biens ruraux. Comme il est facile de le voir d'après

la définition, ce contrat se compose des mêmes éléments que celui de vente ; *res, pretium et consensus* : il en diffère par le but qu'on se propose ; ainsi, dans l'un la chose passe de l'un des contractants à l'autre, qui est alors chargé des risques et périls, dans l'autre au contraire le même propriétaire la conserve, et si elle vient à périr, c'est lui qui en supporte le dommage.

Mais quelles choses peuvent être l'objet d'un louage? L'art. 1713 nous répond qu'on peut louer toutes sortes de biens meubles ou immeubles. Les termes de cet article ont besoin d'être restreints : en effet, il y a des choses qu'on ne peut louer, quoi qu'on puisse les vendre; il y en a d'autres qu'on ne peut ni louer, ni vendre; il y en a enfin qu'on peut louer et vendre. 1° On ne peut louer les choses qui se consomment par l'usage, quoiqu'elles soient susceptibles de vente. Observons cependant que la force du droit d'accession fait nécessairement comprendre dans le nombre des parties de l'objet loué les choses fongibles que le propriétaire y a attachées pour son exploitation. Ainsi, les pailles et engrais placés dans la ferme pour l'amélioration des terres font partie intégrante des objets dont le fermier profite, à charge cependant d'en représenter à sa sortie une égale quantité (art. 1778). Les choses fongibles peuvent aussi être louées *ad ostentationem tantum*. 2° Il y a en second lieu des choses qu'on peut louer et qu'on ne peut vendre, telles que les biens dotaux, domaniaux, les majorats. Le Christianisme a fait disparaître l'esclavage : un homme ne peut donc pas se vendre, mais il peut louer ses services pour un certain temps. 3° Enfin il est certaines choses qu'on ne peut ni vendre ni louer, parce qu'elles sont attachées à notre personne, comme les droits d'usage et d'habitation. On peut louer le droit de chasse séparément du fonds; il n'en était pas ainsi autrefois, car c'était un droit inhérent à la personne du seigneur qui l'avait *ob oblectamentum et non ad quæstum*

Pour que le contrat de louage puisse exister, il est évident que l'objet doit exister au moment même du contrat, car s'il n'existait plus à cette époque, le contrat serait nul (art. 1722). Mais il pourrait y avoir lieu à des dommages et intérêts. En effet, si le locateur sait qu'il ne lui sera pas possible de me procurer la jouissance de sa chose et qu'il me la promette néanmoins, il sera tenu envers moi à des dommages et intérêts, *in id quod meâ interest non fuisse deceptum*. Son obligation ne naît pas du contrat de louage, puisqu'il n'y en a pas, mais du dol qu'il a commis

tre moi en ne m'avertissant pas et en m'empêchant ainsi de m'adres-
à d'autres.

l est de l'essence du contrat de louage qu'il y ait une certaine jouis-
ce ou un certain usage de la chose que le locateur s'engage de faire
ir au locataire pendant le temps et pour le prix convenus, et c'est
prement ce qui fait l'objet et la matière du contrat de louage (art. 1709
1719). Lorsque l'espèce de jouissance est spécifiée dans le bail, il n'est
permis au locataire de se servir de la chose pour un autre usage.
si, celui qui a loué un vignoble ne pourra l'ensemencer de froment ou
changer en prairie Le louage se forme par le seul consentement des
ties ; il peut être fait par écrit ou verbalement, mais ce dernier mode
e moins de sûreté que l'autre, car si un bail fait sans écrit n'a encore
u aucun commencement d'exécution, et que l'une des parties le nie,
preuve n'en peut être reçue par témoin, quelque modique qu'en soit le
x, et quoiqu'on allègue qu'il y ait eu des arrhes données : en effet, les
hes sont le signe d'un dédit possible. La seule ressource est de déférer
serment à celui qui le nie (art. 1715).
Puisque le prix est une des conditions essentielles du contrat de louage,
st évident qu'il doit être sérieux, autrement ce serait un prêt à usage
commodat ; il doit encore être certain et déterminé. Lorsque le prix
ait été remis à l'estimation d'une tierce personne qui est morte avant
l'avoir fixé, le contrat est-il valable ou ne l'est-il pas ? Pothier établit
e distinction ; suivant lui : « Lorsque cette clause (de s'en rapporter à
tiers) se trouve dans un contrat de vente, ne paraissant pas que les
ties aient été pressées soit de vendre, soit d'acheter, on peut facile-
nt présumer que leur volonté a été de faire dépendre le contrat de
stimation que ferait la personne désignée comme d'une condition, et
elles n'ont pas voulu s'en rapporter à celle que pourraient faire à son
faut d'autres personnes, n'ayant eu confiance qu'en elle. Mais dans le
ntrat de louage d'une métairie, le locateur qui n'est pas à portée de
ccuper ou de l'exploiter par lui-même, étant pressé de la louer, et le
nducteur, de son côté, ayant besoin de se pourvoir, on doit présumer
contraire que lorsque les parties s'en sont rapportées à une personne
ur le prix du loyer ou de la ferme, leur intention n'a pas été que le
ntrat n'eût pas lieu si elle ne faisait pas l'estimation, mais qu'elle a
, au contraire, qu'il aurait lieu pour le prix qui serait estimé par
utres experts.

Cette décision, ajoute-il, doit surtout avoir lieu si, lorsque la personne désignée a refusé de faire son estimation ou est morte avant que de l'avoir faite, le conducteur était déjà entré en jouisssance, ou que le terme pour y entrer fût si proche et imminent que le locateur ne pût facilement trouver à la louer à d'autres, ni le conducteur à se pourvoir d'une autre ferme. Nous avouons que cette distinction entre la vente et le louage, fondée sur l'urgence plus grande dans un cas que dans l'autre, ne nous paraît pas bien concluante : il nous semble que si chacun est intéressé à ne pas être privé des revenus de ses terres, il y a des circonstances aussi où la nécessité de vendre se fait sentir d'une manière bien pressante. Nous comprenons davantage combien serait dure la position du fermier expulsé d'une ferme dont il a pris possession, quelle perte ce serait à la fois pour l'agriculture et pour le propriétaire. Mais, d'un autre côté, à qui s'en rapporter pour l'évaluation du prix? Celui dans lequel les deux parties avaient confiance est mort, nous ne voyons pas qui le remplacera : n'arrivera-t-il pas bien souvent qu'on ne pourra s'accorder, et qu'après des sacrifices faits pendant plusieurs mois le fermier sera obligé de quitter les terres qu'il a préparées, s'il se trouve en présence d'un maître difficultueux? Au lieu de s'arranger à l'amiable, on ira bien souvent, nous le craignons, devant les tribunaux.

Le prix ou loyer peut consister en argent seulement, en argent et une certaine quantité de fruits et même de journées de travail, ou bien en fruits seulement comme dans les baux à colonage.

Le consentement étant nécessaire, le louage ne peut intervenir qu'entre les personnes capables de contracter. Ainsi, les mineurs non émancipés, qui ont donné ou pris à loyer peuvent faire rescinder le bail qui leur cause quelque dommage. D'après le principe que personne ne peut transmettre à autrui plus de droits qu'il n'en possède lui-même, l'usufruitier ne pourra, en louant une métairie, autoriser à y faire des changements qui lui enlè- veraient sa destination primitive. Il en est de même du locataire qui, usant de la faculté que lui accorde le droit commun, cède ou sous-loue son bail. Le consentement doit intervenir sur l'objet, sur le prix, sur la durée, et enfin sur la nature même du contrat. Ainsi, lorsque je pense vous louer une métairie et que vous songez à une autre, il n'y a pas de louage, faute de consentement. De même, si vous croyez prendre pour neuf ans ce que je ne vous accorde que pour trois, le contrat sera nulle; mais si vous êtes entré en jouissance, vous continuerez l'année commencée

le prix fixé par le bail. Il est également bien clair que si vous croyez
'oir à mille francs la ferme dont le locateur veut quinze cents, il n'y
; de contrat : mais si au contraire vous êtes disposé à vous engager
/er quinze cents tandis qu'on ne vous en demande que mille, le bail
lieu et pour ce dernier prix. Enfin, il n'est pas besoin de dire que
n croit vendre et l'autre louer, il y aurait absence complète de con-
ment, et que par conséquent rien ne serait fait.

rès avoir exposé ces principes généraux, nous allons nous occuper
ègles qui regardent plus spécialement le louage des biens ruraux.

CHAPITRE PREMIER.

Du bail à colonage ou à métairie.

tre premier chapitre sera consacré à l'examen de deux articles seu-
nt, les art 1763 et 1764, qui régissent un mode tout entier du louage
iens ruraux, le bail à colonage.

rsque le prix de la terre louée consiste dans une quote-part des fruits
uits par l'héritage, le contrat prend le nom de bail partiaire ou à
age, et le fermier est communément désigné par la qualification de
yer ou par celle de colon partiaire.

bail à colonage est-il un contrat de louage ou un contrat de société ?
question est gravement controversée : les uns, **M.** Duvergier entre
s, soutiennent que c'est un véritable bail à ferme; d'autres, comme
roplong, prétendent que c'est un contrat de société appliqué à l'indus-
agricole. Ces deux systèmes nous semblent trop exclusifs. Nous
ns avec **M.** Marcadé que le bail à colonage tient à la fois du louage
la société; du louage, puisque le colon vient seul occuper les lieux
exploiter en abandonnant au bailleur pour prix de location la moitié
ruits (car nous n'adoptons pas l'opinion de quelques jurisconsultes,
ensent que le prix ne peut être payé qu'en argent) de la société,
ue le propriétaire met en commun la jouissance de ses terres, en
issant même ordinairement les semences par moitié pour recueillir
itié des fruits, pendant que le métayer apporte son travail et son
trie. Nous croyons en outre, en faveur de l'opinion qui rattache le

bail à colonage au contrat de louage, qu'il faut tenir compte de la place que la loi lui a assignée : il nous semble manifeste qu'en le mettant en tête de la section sur les baux à ferme, le législateur a voulu montrer par là quels principes devaient le régir, et combien, suivant lui, sa nature le rapprochait des baux à ferme. Il ne faut pas non plus négliger entièrement le sentiment général, et nous croyons bien petit le nombre des métayers qui se regardent comme les associés de ceux dont ils cultivent les terres. Ce sentiment, nous le savons, ne serait que bien peu important si tous les jurisconsultes étaient d'un avis opposé; mais dès que les autorités sont divisées, dès qu'on compte dans chaque parti des noms respectables et illustres, nous pensons que la presque unanimité des opinions sur un point peut bien faire pencher la balance de son côté. A notre avis donc, le bail à colonage n'est précisément ni un bail à ferme ni une société, mais bien un contrat innommé qui a emprunté ses éléments à l'un et à l'autre.

Quoi qu'il en soit, et là-dessus tous les auteurs sont d'accord, les rapports du colon et du propriétaire sont déterminés presque tous par les mêmes règles que ceux du fermier, tant est grande leur analogie. Mais cependant il en est quelques-unes qui sont propres au bail à colonat et le rapprochent beaucoup du contrat de société.

D'après l'art. 1717, la faculté de sous-louer et de céder son bail appartient de droit commun au preneur : elle est formellement interdite, dans l'art. 1763, à celui qui cultive sous la condition d'un partage de fruits; il ne l'a qu'autant qu'elle lui est expressément accordée par le bail. En effet, le colon est une espèce d'associé, et c'est un principe en matière de société que personne ne peut y être introduit sans le consentement de tous les associés; quand le propriétaire a choisi un colon, il est évident qu'il avait en vue son intérêt personnel : or, cet intérêt exigeait qu'il confiât ses terres à l'homme qui par son intelligence, son industrie, son activité, pouvait en tirer les plus beaux et les plus nombreux produits. Ce ne sont pas les mêmes motifs qui nous déterminent à prendre un fermier, nous cherchons d'autres garanties : pourvu que nous soyons payés, il nous est assez indifférent par qui. Que le fermier ait de magnifiques récoltes ou qu'il en ait de médiocres, le résultat est le même pour nous : aussi peu nous importe que ce soit Pierre qui laboure notre terre ou qu'il la cède à Paul. Il n'en est pas de même pour le bail à colonage : avec un bon colon, un colon de notre choix, nous pouvons compter sur des fruits deux fois plus abondants peut-être qu'avec tel autre, auquel un fermier

urrait céder son bail. On ne peut pas malgré nous rendre notre po-
on pire, et ce serait le faire que de nous donner un métayer dans le-
el nous n'aurions pas confiance.

Mais qu'arrivera-t-il si, au mépris de la loi, le colon cède son bail ou
sous-loue? Le bailleur a le droit de faire résilier le bail et d'obtenir
s dommages et intérêts (art. 1764). Toutefois, avant de prononcer une
ndamnation, il est bien des considérations auxquelles il faut avoir
ird. Il peut d'abord arriver que ce soit par ignorance que le colon ait
lé son bail : nous savons que chacun est censé connaître la loi, mais
aut aussi avoir égard à la bonne foi de celui qui est en faute? Et cette
nne foi n'est-elle pas bien présumable quand à la première sommation il
mpresse de renvoyer le sous-locataire ou le cessionnaire? Et lors même
'il eût connu la loi, il ne serait pas assurément excusable devant la ri-
eur des principes ; mais son infraction pourrait être bien atténuée par
s motifs d'humanité. N'arrive-t-il pas souvent que par la perte d'un fils
 colon se trouve hors d'état de faire valoir ses terres? Eh bien! si au
u de demander la résiliation de son bail il le cède lui-même à un tiers
i offre toutes les garanties désirables, s'il prouve qu'aucune perte n'a
 causée, que de riches récoltes ont été remises au propriétaire, celui-
ne semblerait-il pas bien cruel en demandant des dommages et intérêts
celui qui ne lui a fait aucun tort? Aussi, malgré le sens rigoureux et
solu des termes de l'art. 1764, la jurisprudence a admis certains tem-
raments et incliné vers la douceur.

De ce que le bail partiaire est fait en considération de la personne du
lon, faut-il conclure que sa mort y mette toujours fin ? Si ce bail était
rement un contrat de société, il n'y aurait pas le moindre doute à cet
ard ; mais nous qui ne l'admettons pas, nous croyons que le bail sub-
te et passe à la veuve ou aux enfants du colon. Si nous nous en rap-
rtions à M. Troplong, le bail serait détruit par la mort du colon et ne
serait pas par celle du propriétaire ; suivant lui, l'industrie et les qua-
és personnelles du colon ayant été une cause de détermination pour le
opriétaire, le contrat est dissous quand la mort prive ce dernier de
lui qui avait obtenu sa confiance. Mais si l'intérêt matériel du pro-
iétaire est évident à ce que ses terres soient cultivées par un colon in-
lligent, nous sommes convaincu que le colon, lui aussi, a un intérêt moins
lpable, il est vrai, mais peut-être aussi réel à avoir affaire à un pro-
iétaire de son choix. Sans parler des relations journalières qui existent

entre le propriétaire et le colon, et que celui-ci fuit ou évite suivant le caractère du premier, n'est-il pas pour le colon d'une grande importance de remettre ses produits entre les mains d'un maître consciencieux et indulgent? Il est un proverbe qui dit que notre plus grand ennemi est notre plus proche voisin. Eh bien! nous le demandons, y a-t-il deux hommes à avoir des rapports de voisinage plus étroits, plus fréquents que ceux-ci? Et si l'un a un esprit soupçonneux, injuste, porté à la dispute et à la chicane, s'il accuse sans cesse le colon de paresse et de mauvais vouloir, s'il conteste la bonté et la quantité des fruits qu'il lui remet, n'est-ce pas une source de procès pour l'un et pour l'autre et une cause de ruine presque immédiate pour le colon, qui trop souvent n'a pas même assez d'argent pour ses travaux nécessaires? On voit donc que lui aussi aurait son intérêt à ne pas dépendre du premier venu. Et pourtant, M. Troplong accorde parfaitement que le bail se dissolve par la mort du preneur, mais non par celle du propriétaire. Nous croyons pour notre part qu'il ne prend fin ni par l'une ni par l'autre. L'article 1742 est positif à cet égard, et il est probable que si le législateur, après avoir posé le principe général que le contrat de louage n'est résolu ni par la mort du bailleur ni par celle du preneur, eût voulu admettre une dérogation pour le bail partiaire, il l'eût formellement exprimée, comme il l'a fait pour le louage d'ouvrage.

Les dispositions que nous allons exposer plus loin en traitant des baux à ferme ordinaire, s'appliquent aussi aux baux partiaires, à l'exception de celles contenues dans les art. 1769 et suivants, sur la remise que le fermier peut obtenir en raison des pertes excessives qu'il a subies. Dans le cas de bail partiaire, la réduction se fait d'elle-même et sans le secours de la loi, parce que la part du propriétaire diminue dans la même proportion que la récolte entière.

Terminons en disant que le colon ne peut disposer d'aucune partie de la récolte avant que le partage ne soit terminé, qu'il ne peut pas même commencer à battre les grains, faner les fourrages et fouler la vendange avant d'avoir averti le propriétaire. La surveillance de celui-ci est en effet nécessaire, aussi bien dans l'intérêt du colon que dans le sien, pour prévenir tout détournement et toute contestation.

CHAPITRE II.

Des obligations du preneur.

En traitant des obligations du preneur, le législateur a régi non-seule-
nt ses intérêts et ceux du bailleur, mais ceux de la société tout entière,
nt l'existence est heureuse ou gênée, suivant qu'on livre à sa consom-
tion une nourriture plus ou moins abondante. Aussi, en permettant au
mier de tirer de ses terres tout le parti possible, a-t-il pris garde que
ne fût pas en appauvrissant le sol et le mettant hors d'état de produire
années suivantes. Il n'est pas permis de s'enrichir aux dépens d'autrui,
ce serait un véritable vol que d'enlever à un champ toute sa fertilité et
le transmettre sans force et stérile à un nouveau fermier, qui serait
ligé pendant plusieurs années peut-être de faire le sacrifice de son
mps et de son argent avant de retirer aucun bénéfice.
La première obligation que la loi devait imposer au fermier était donc
jouir de la chose louée en bon père de famille (art. 1766). Ce seul
t exprime la nature et l'étendue de son devoir ; c'était même l'unique
'on pût employer, car la culture des terres a tant d'objets et de pro-
lés différents, elle réclame des soins si variés, qu'il n'est pas possible
les énumérer d'une manière complète. C'est donc à l'usage des lieux
'il faut s'en rapporter pour estimer, par la comparaison avec les terres
isines, si le fermier a apporté toute la sollicitude et toute l'activité dé-
ables à la culture de chacune des pièces de terre qui composent sa lo-
ion. Toutefois, la culture de la vigne et celle des céréales étant très-
pandues en France, les jurisconsultes ont pu s'en occuper plus spécia-
nent, et formuler quelques préceptes : « Le fermier d'une vigne, dit
thier, doit la bien façonner, la bien fumer, la bien entretenir d'échalas,
provigner, et généralement la cultiver de la même manière qu'un bon
soigneux vigneron cultiverait sa vigne. Le fermier d'une métairie,
ute-il, doit pareillement bien façonner les terres en raison convenable ;
ne lui est pas permis de les charger, de les dessaisonner : il doit avoir
s bestiaux en quantité suffisante pour l'exploiter ; il lui est expressé-
nt défendu de divertir aucuns fumiers et aucunes pailles de la métairie,
us les fumiers et toutes les pailles étant destinés à l'engrais des terres. »

Telles étaient les principales règles auxquelles les fermiers devaient se conformer du temps de Pothier, ce sont encore les mêmes aujourd'hui. L'art. 1778 montre l'importance que le législateur attache à ce que les pailles et le fumier qui en provient ne soient pas détournés de leur destination, puisqu'il oblige le fermier sortant à laisser les pailles et les engrais, s'il les a reçus lors de son entrée en jouissance, et même alors qu'il ne les a pas reçus, sauf au propriétaire à lui en payer le prix.

Le preneur d'un héritage rural doit le garnir des bestiaux et ustensiles nécessaires à son exploitation. Cette obligation naît, suivant Pothier, de la nature même du bail; car étant contraint de jouir de la métairie en bon père de famille et de la cultiver, il s'ensuit qu'il doit avoir tout ce qui est nécessaire pour la culture. Ainsi, le but direct et principal de cette obligation n'est pas de donner au propriétaire un gage pour ses loyers, il ne fait que profiter par occasion d'une garantie donnée en premier ordre à la culture de ses terres. Aussi le fermier remplit-il pleinement son devoir, lorsque les bestiaux et les instruments aratoires, bien qu'insuffisants pour répondre du terme courant et du terme à échoir, sont cependant proportionnés aux besoins de l'exploitation.

En second lieu, le fermier ne doit pas abandonner la culture : sans doute certaines terres ont besoin de quelque repos, aussi ce n'est pas un répit momentané que l'art. 1766 condamne comme abandon de culture. Mais autre chose est de laisser la terre reprendre ses forces par un certain temps de repos, autre chose de la faire languir dans une stérilité qui éteint sa vigueur. Pour savoir si un fermier cultive avec soin, c'est bien plutôt l'usage des lieux qu'il faut consulter que les principes d'une théorie unique, qui serait souvent inapplicable. Si toutes les obligations que renferme l'art. 1766 ne sont pas remplies par le preneur et qu'il en résulte un dommage pour le bailleur, celui-ci peut, suivant les circonstances, faire résilier le bail. En cas de résiliation provenant du fait du bailleur, celui-ci est tenu des dommages et intérêts, ainsi qu'il est dit à l'article 1764.

Le fermier est obligé d'engranger dans les lieux à ce destinés d'après le bail (art. 1767). Cette obligation lui a été imposée afin que les fruits restassent affectés au privilége du bailleur. Car, comme le dit M. Duranton, s'ils étaient engrangés dans un local appartenant à un autre propriétaire, celui-ci aurait son privilége sur ces fruits pour le prix de sa location, et il primerait le bailleur. Mais alors même que le fermier voudrait en-

;er dans des lieux dont il serait propriétaire, et qu'ainsi l'effet d'un
privilége ne serait pas à craindre pour le bailleur, il n'en aurait pas
; la faculté d'exiger que les fruits fussent placés là où le bail dit
doivent l'être. Le fermier ne peut se refuser à exécuter ses enga-
ats, et le bailleur a intérêt à ce qu'ils soient exécutés pour assurer
roit de suite et de revendication.

sait que le fermier est tenu de droit des réparations locatives, soit
apport aux bâtiments qu'il occupe, soit par rapport aux terres, soit
pour le mobilier attaché à la ferme. Mais le législateur n'a pas cru
r indiquer ici, comme il l'a fait dans la section consacrée aux baux
er, les réparations auxquelles cette qualification est applicable. Cette
ération eût été insuffisante, et par conséquent plus dangereuse qu'u-
En cas de silence des parties contractantes, il faut s'en rapporter à
e des lieux ; mais ordinairement, pour prévenir toutes difficultés, les
contiennent des clauses qui précisent ce qu'il y a de vague dans les
t d'indécis dans l'usage des lieux. D'ailleurs, la plupart de ces ré-
ions peuvent être considérées comme des travaux de culture, qu'un
père de famille doit nécessairement exécuter. Par exemple, on ap-
a ainsi l'entretien des échalas, des vignes, le curage des fossés, l'é-
lage, la destruction des taupes et des fourmillières. Ne peut-on pas
dérer ces ouvrages comme faisant partie de la culture dont le fer-
est tenu ? Les commentateurs ont indiqué quelques réparations loca-
que l'usage des lieux a admis presque partout. Si tout ou partie des
louées est enclos de haies vives, le preneur doit les entretenir et
ndre en bon état à la fin du bail. Le curement des fossés est à la
e du fermier, s'il se fait à époques périodiques plus courtes que la
de sa jouissance. En général, les réparations de gros entretien sont
par le propriétaire, celles de menu entretien retombent sur le fer-

rrive très-souvent que le fermier est tenu en sus de son prix de
des redevances en nature ; une première règle à observer, c'est que
mier ne sera pas fondé à se libérer en argent contre le gré du pro-
ire. Il doit payer de la manière promise, mais non pas en donnant
pro alio. Si les terres de la ferme n'avaient pas produit l'espèce de
es qu'il doit livrer, il faudrait qu'il en achetât.
l'effet du bail, le propriétaire se décharge de toute surveillance et
t hors d'état d'apercevoir les usurpations qui peuvent être commises

sur l'héritage dont il n'a plus l'administration, mais elles sont nécessairement connues du fermier à la jouissance duquel elles portent atteinte. Aussi est-il tenu, sous peine de dépens, dommages et intérêts, de prévenir le bailleur des usurpations qui sont commises sur son fonds (art. 1768). L'intérêt est surtout très-grand pour le propriétaire dans le cas où l'usurpateur pourrait acquérir la possession annale. Aussi cet avertissement doit-il être donné dans le même délai que celui qui est réglé en cas d'assignation, suivant la distance des lieux. Il court du jour où l'usurpation a dû être connue du fermier : s'il l'avait ignoré par sa faute, il serait responsable de sa négligence. L'obligation du fermier de rendre compte au propriétaire des troubles qu'il a éprouvés s'entend aussi des prétentions qui se manifestent par des actes judiciaires ou extra-judiciaires, adressés à la personne du fermier.

Lorsque dans le bail on prévoit quelques infractions et qu'on détermine les peines dont elles seront punies, ces diverses stipulations devront être exécutées suivant les règles générales qui régissent les conventions, et spécialement celles qui sont relatives aux clauses pénales.

Il nous reste à examiner le principal engagement du fermier, celui de payer le prix convenu pour la jouissance du fonds loué. On convient quelquefois d'une seule somme pour tout le temps du louage; elle se paie alors à l'expiration de ce temps; mais ce cas est très-rare. Ordinairement on convient de distribuer le loyer en plusieurs sommes qu'on appelle *termes*, payables par chaque demi-année; les jours d'échéance sont même fixés généralement par l'usage des lieux. Si le fermier est en retard de payer, il doit les intérêts de la somme du jour où la demande judiciaire lui en est faite. Si le lieu où le paiement doit se faire n'est pas indiqué dans le bail, il doit s'effectuer au domicile du preneur, qui en est le débiteur : « Néanmoins, dit Pothier, lorsque le locateur d'une métairie demeure dans un lieu qui n'est pas bien éloigné et où le fermier va souvent pour ses affaires, et que la ferme consiste en une somme d'argent, le fermier doit à son maître cette déférence d'aller lui payer ses fermes en sa maison. » Bien qu'il ait été stipulé par le bail que le paiement se fera au domicile du bailleur, si celui-ci va établir sa demeure dans un lieu éloigné du fermier, l'obligation cesse d'effectuer le paiement à son domicile, car ce serait une nouvelle charge pour le preneur. Le locateur doit donc, dans ce cas, indiquer à son fermier, dans le lieu de son ancienne demeure, une personne à qui il remettra son loyer.

prix consiste ordinairement en argent, mais sa nature peut être mo-
par les conventions du bail. On peut dire qu'il se composera d'une
ine quantité des denrées du fonds. Alors le fermier est débiteur d'un
qui n'est pas déterminé par son espèce seulement. il doit donc dé-
précisément ce qu'il a promis ; il ne pourrait donner de l'argent à
ace, lors même que les denrées auraient été estimées par le contrat,
ette évaluation n'a pour objet que de donner une base à la percep-
des droits d'enregistrement.

la convention porte que le fermier donnera tant de mesures de vin,
idre, d'olives, etc., du crû de la ferme en sus des fermages en ar-
il sera dégagé si le fonds n'en porte pas.

ie clause très-fréquente dans les baux de biens ruraux, c'est que le
ier fera les voitures nécessaires pour le transport des matériaux des-
aux réparations de la métairie. Celui qui a contracté cette obligation
pas toujours obligé de les faire au jour indiqué par le propriétaire.
ffet, lorsque les travaux de la campagne sont pressants, comme dans
rt de la récolte ou à l'époque des semences, il peut les différer, sur-
lorsque les réparations ne sont pas urgentes. Il est bien évident que si
opriétaire veut faire reconstruire sa métairie, soit parce qu'elle a été
ite par un incendie, soit pour toute autre cause, il n'aura aucune
n contre son fermier, car celui-ci n'a entendu s'obliger qu'aux har-
nécessaires pour les réparations d'entretien qui ont coutume de
enir dans le cours d'un bail. Il y a aussi des harnois que le preneur
age à faire pour le compte du bailleur. Ils ne pourront être exigés
ux époques désignées, et ceux qu'on néglige une année ne s'accumu-
t jamais avec ceux de l'année suivante.

CHAPITRE III.

Des obligations du bailleur.

a première obligation du bailleur est de procurer au preneur la jouis-
e de la chose louée : par là, il s'engage non-seulement à n'apporter
n trouble à cette jouissance, mais même à l'en garantir. Le bailleur
t répréhensible s'il percevait quelques fruits, à moins qu'il ne se les

fût réservés ; il le serait également s'il voulait changer la forme de la chose louée, à moins que ce changement ne fût que d'un intérêt bien minime pour le fermier et d'une grande importance pour lui; dans ce cas il lui serait loisible de le faire, sauf à payer une indemnité convenable. Le bailleur n'est pas garant des troubles qui proviennent de voies de fait de la part des tiers, ils ont ordinairement leur cause dans quelque inimitié personnelle au fermier; il l'est seulement des troubles judiciaires. Encore à leur égard y a-t-il une distinction à faire : lorsque la cause de l'éviction existait dès le temps du bail et qu'elle n'a pas été portée à la connaissance du preneur, le bailleur lui doit tous les dommages et intérêts; mais si le preneur savait son existence, il n'y aura pas lieu à indemnité.

Une seconde obligation du locateur est d'entretenir la chose en bon état de service Ainsi les toitures, les portes et fenêtres, les granges, étables, doivent être réparées toutes les fois qu'il est nécessaire; en un mot, toutes les réparations qui ne sont pas locatives doivent être faites par le propriétaire. S'il existe des clauses particulières, le bailleur doit remplir tous ses engagements.

De ce principe de bonne foi que le bailleur est obligé à tout ce qu'il a promis, il résulte que s'il a annoncé une contenance plus grande que celle qui existe réellement, il doit ou diminuer le prix ou augmenter les terres. L'influence que doit exercer sur la quotité du prix l'excédant ou le déficit dans la contenance est déterminée par le législateur, au moyen d'un renvoi aux dispositions relatives à la vente (art. 1765). Si le louage a été fait avec indication de contenance à tant la mesure, deux hypothèses peuvent se réaliser : ou il y a excédant, ou il y a déficit. Dans le premier cas, le preneur doit donner un supplément de prix; mais si cependant l'excédant de contenance était d'un vingtième, comme cette différence serait déjà considérable et que l'étendue du terrain à cultiver pourrait dépasser les facultés du preneur, celui-ci aura le droit de se désister du contrat. En appliquant par analogie les termes de l'art. 1621, le bailleur est tenu de lui restituer les frais du contrat. Dans le second cas, c'est-à-dire celui où la contenance est moindre que celle indiquée au contrat, le preneur peut exiger que le bailleur lui donne le reste de la contenance indiquée, et si cela ne lui est pas possible, qu'il souffre une diminution de prix.

Remarquons que la différence entre la contenance déclarée et la con-

ance réelle produit des effets plus ou moins énergiques, selon qu'elle
en moins ou en plus. Quand elle est en moins, si minime qu'elle soit,
preneur peut toujours exiger que le bailleur lui procure ce qui lui
nque, si c'est possible; c'est-à-dire si ce bailleur est propriétaire du
rain contigu ou s'il peut l'acquérir à des conditions modérées; si ce
st pas possible ou si le preneur n'y tient pas, il y aura une diminution
portionnelle du prix. Quand la différence est en plus, au contraire,
n'a d'effet, d'après l'art. 1618, qu'autant qu'elle est d'un vingtième :
preneur est alors obligé de subir une augmentation proportionnelle de
prix, à moins qu'il ne préfère résilier le bail. Dans tous les autres
, soit que le bail soit fait d'un corps certain et déterminé, soit qu'il
pour objet des fonds distincts et séparés qui sont autant de corps
tains, l'énonciation de la mesure est secondaire sans qu'il soit permis
distinguer si le bail commence par la mesure ou par la désignation de
bjet, suivie de la mesure (art. 1619). L'expression de cette mesure n'est
se en considération qu'autant qu'il y a erreur d'un vingtième. Alors un
gtième en moins donnera droit au fermier d'exiger que le bailleur lui
rnisse la quantité déclarée ou qu'il subisse une diminution propor-
nnelle du prix : un vingtième en plus autorisera le bailleur à demander
supplément de fermage et permettra au preneur d'abandonner le bail.
vingtième s'entend non du vingtième en étendue, mais du vingtième
valeur. Si deux fonds sont loués dans le même acte et pour un seul
même prix avec désignation de la mesure de chacun, et qu'il se trouve
ins de contenance dans l'un et plus dans l'autre, on fait une compen-
ion jusqu'à due concurrence entre les valeurs respectives et non entre
contenances. L'action en supplément de prix de la part du bailleur,
celle en diminution de prix ou en résiliation du bail de la part du pre-
ur doivent être intentées dans l'année à compter du jour du contrat,
us peine de déchéance.

Nous savons que le bailleur contracte l'obligation de fournir au fermier
jouissance de la chose; si celui-ci en est privé pendant un certain
ups, il peut réclamer une diminution de ses fermages à titre d'indem-
é. Il s'ensuit que si des évènements de force majeure viennent à priver
fermier d'une partie de la jouissance due, il aura droit à une remise
portionnelle du prix. Il existe à l'égard des baux à ferme des règles
ticulières à l'aide desquelles cette indemnité doit être appréciée Sui-
it les art. 1769 et suivants, la perte causée par cas fortuit, et qui doit

porter sur des fruits non encore perçus, constitue seulement une faiblesse de récolte ou prend le caractère de privation de récolte, selon que le fermier a plus ou moins que la moitié, du produit ordinaire de sa ferme. Pour la fixation de l'indemnité, il y a deux cas à examiner, suivant que le bail est d'une ou plusieurs années.

Si le bail est d'une seule année, la remise est due par cela seul que la perte est de plus de moitié. Mais si le bail est de plusieurs années, et c'est ce qui arrive le plus souvent, le règlement d'indemnité sera plus difficile. Il faut, en effet, rechercher si la perte énorme d'une année n'est pas rachetée par les années précédentes, ou ne le sera pas par celles qui suivront. Si elle se trouve compensée dès à présent, rien n'est plus simple, il n'y a aucune réduction à faire ; mais si elle ne l'est pas et que le bail ne soit pas fini, on attendra sa fin, et la réduction se fera ou ne se fera pas, suivant qu'il y aura ou non compensation. Toutefois, les juges pourront, d'après l'appréciation des circonstances, dispenser provisoirement le fermier du paiement d'une portion du prix, sauf au propriétaire à répéter cette portion dès qu'il y aura compensation.

Mais comment s'opère le calcul soit de la perte en elle-même, soit de sa compensation? Il y a plusieurs systèmes. M. Troplong croit qu'il ne faut pas tant considérer la quotité des fruits que leur valeur ; ainsi la perte faite par le fermier de plus de la moitié des fruits ne lui donnerait pas droit à la remise, si la portion qu'il recueille avait une valeur vénale excédant la valeur d'une moitié de récolte ordinaire. Pour que cette opinion pût être juste, il faudrait que le calcul se fît toujours sur la même base ; car si une année, avec moins de la moitié des fruits, le fermier a pu recueillir une valeur d'un peu plus de la moitié des produits ordinaires, il peut fort bien se faire que l'année suivante, avec un peu plus de la moitié des fruits, le fermier recueille beaucoup moins que la moitié des valeurs. Il est évident que si l'on ne doit prendre en aucune considération la vilité du prix des denrées pour accorder une remise au fermier ; si l'on doit s'attacher uniquement au point de savoir s'il a eu ou non au moins la moitié d'une récolte ordinaire, par la même raison on ne doit avoir aucun égard au prix élevé de ces mêmes denrées pour refuser une remise au fermier, qui a été privé par cas fortuit de la moitié au moins d'une récolte, autrement la loi aurait deux poids et deux mesures. Si le fermier a couru la mauvaise chance quant à la vilité du prix de la denrée produite par le fonds affermé, il doit avoir aussi couru la bonne

quant à l'élévation de ce prix. Il est bien clair, en effet, que si le
par les valeurs n'est pas permis au fermier contre le propriétaire,
est pas davantage au propriétaire contre le fermier.

oint le plus difficile en cette matière est de savoir si l'on doit,
ompenser la perte de moitié ou plus survenue dans une année par
édants des autres années, réunir toutes ces années et balancer les
nts des unes par les déficits des autres, ou si le propriétaire peut
e les excédants sans tenir compte des déficits. La plupart des au-
ensent, avec M. Troplong, qu'il faut balancer le tout pour n'appor-
ome diminution de la perte de l'année désastreuse que la différence
s des excédants sur les déficits; mais nous croyons, avec MM. Du-
et Marcadé, que le propriétaire peut prendre les excédants sans
ompte des déficits, quoique au premier abord cet avis semble être
pour le fermier. Voici les motifs sur lesquels se fonde M. Mar-
deux reposent sur des arguments de droit, un troisième sur une
d'équité : « 1º La loi ne donnant droit à indemnité que pour la
de la moitié d'une récolte au moins et laissant toute perte moindre
arge du fermier, celui-ci ne peut jamais exiger l'indemnité pour
erte de moins de moitié : or, ce serait l'exiger et l'obtenir indirec-
, il est vrai, mais très-réellement, que de faire procéder par le
e dont il s'agit ; 2º il est reconnu par tous les auteurs que quand
nier se trouve indemnisé par les années antérieures, le règlement
déclare alors n'avoir droit à aucune remise est définitif et irrévo-
malgré les déficits de moins de moitié qui pourraient survenir plus
Or il n'en serait pas ainsi si le Code avait eu la pensée qu'on lui
Si la loi avait entendu que les excédants des bonnes années doivent,
de s'appliquer, dans l'intérêt du propriétaire, à la perte énorme dont
nd, compenser les déficits des années mauvaises, elle eût fait pour
nier, à qui la remise ne serait pas due quant à présent, ce qu'elle
pour le propriétaire qui, quant à présent, la doit : elle eût reporté
ul définitif à la fin du bail. »

, dira-t-on, si cette solution se trouve ainsi conforme aux règles
it écrit, c'est que le droit blesse les règles de la justice et de l'é-
Nous répondrons encore avec M. Marcadé : « Est-ce que le fermier,
paie jamais aucune augmentation de prix pour des années abon-
, si énormes qu'elles puissent être, ne serait pas assez équitable-
raité en obtenant néanmoins une réduction pour la perte s'élevant

à cinquante pour cent, mais toute compensation faite ? Et ne doit-il pas s'estimer heureux que cette réduction, qu'il obtient encore une fois sans subir la réciprocité, lui soit accordée sans que la compensation entame les récoltes moyennes? »

Au reste, ces indemnités seront toujours bien difficiles à régler, car il sera très-rare que le fermier ait songé à faire constater ses pertes à une époque où elles pouvaient l'être avec certitude. Le propriétaire, de son côté, ne pourra presque jamais prouver l'excédant des récoltes. Le bailleur qui aura consenti de lui-même une réduction du prix de l'année sera réputé n'avoir agi que dans un but d'humanité, et, à moins de manifestation contraire de sa volonté, conservera la faculté de revenir sur cette réduction si des années d'abondance viennent dans la suite réparer les pertes du fermier.

N'oublions pas de dire non plus que pour donner lieu à une remise la perte doit porter sur tout l'ensemble de la récolte de l'année. Ainsi, peu importe qu'une ferme se compose de champs consacrés à diverses espèces de cultures, ou qu'ils soient tous employés de la même manière, la perte devra porter sur la somme de leurs produits réunis. Pour que le fermier puisse avoir droit à une indemnité, il faut encore que la perte soit arrivée lorsque les fruits étaient pendants par racines, et non depuis qu'ils en ont été séparés. La raison de cette distinction est prise des conséquences du droit de propriété; tant que la récolte est sur pied, elle appartient au propriétaire, elle est à ses risques et périls ; une fois coupée, elle devient la propriété exclusive du fermier et périt conséquemment pour lui seul : *res perit domino*. Il n'en serait pas ainsi dans le cas où une portion de la récolte devrait, aux termes du bail, être attribuée au propriétaire à titre de fermages; cette portion, qu'elle soit ou non sur pied, est toujours la propriété du bailleur, qui doit supporter les chances malheureuses comme il profiterait des chances favorables. Cependant si le fermier, par sa négligence à livrer au bailleur sa portion de fruits, avait été la cause de la perte, il devrait la supporter seul, pourvu qu'il eût été, antérieurement à la perte, mis en demeure de faire la livraison.

Il ne peut y avoir lieu à aucune remise pour le fermier si la cause du dégât était existante et connue au moment du bail, parce qu'alors le fermier est présumé avoir pris la ferme à ses risques et périls, et le prix du loyer est censé avoir été fixé en conséquence.

Le Code distingue deux classes de cas fortuits, dont le fermier peut

harger : pour les uns comme pour les autres il faut une stipulation ex-
se (art. 1772 et 1773). Les cas fortuits ordinaires ne sont énumérés
ncomplétement par le Code : la grêle, le feu du ciel, la gelée, la coulure
ont les principaux. Les cas fortuits extraordinaires s'entendent des
ges de la guerre, des inondations inaccoutumées et de tous ces dés-
es qu'il est impossible de prévoir. Lorsqu'il n'y a qu'une clause pure
mple, par laquelle le preneur se charge des cas fortuits, elle ne lui
supporter que ceux de la première classe : pour qu'il réponde des
nds, il faut une stipulation spéciale, qui mette à son compte tous les
fortuits prévus et imprévus.

CHAPITRE IV.

De la résiliation du bail et de la tacite réconduction.

orsque le bail est écrit, l'époque où il doit prendre fin est connue sans
oindre difficulté, puisque c'est celle qui est indiquée dans le bail même.
s lorsque le bail d'un fonds rural a été fait sans écrit, comment sa
iation aura-t-elle lieu ? L'art. 1774 nous dit que le bail sans écrit
 fonds rural est censé fait pour tout le temps nécessaire, afin que le
eur recueille les fruits de l'héritage affermé. Cet article se confor-
t à la nature même du sol, suppose qu'il faut un an au moins pour la
eption la plus prompte de tous les fruits d'une terre : ce sera donc
oindre durée d'un bail à ferme comme pour les prés, vignes, etc.
s les autres cas, lorsque les terres se divisent par soles et saisons, le
 est censé fait pour autant d'années qu'il y a de soles. Si une ferme
ompose de terrains mixtes, c'est-à-dire de terrains qui rapportent
 leurs fruits dans un an, les autres dans plusieurs, on suivra pour
 une règle commune, celle de la plus longue durée. Ici se présente
 question assez grave : aucune règle n'a été portée sur les bois mis
oupes réglées. Ces baux sont, du moins quant à leur durée, en dehors
règles qui gouvernent les autres espèces de biens ; car parce qu'un
, dont toutes les coupes demandent peut-être cinquante ans, est an-
é à une métairie, le bail sans écrit de celle-ci ne durera certainement
cinquante ans. Il faut donc distinguer les baux qui ont pour objet des

bois seuls et ceux qui se composent de bois mêlés à des terres, des vignes ou des prairies. S'il s'agit du bail d'un bois sans autre chose, il faut lui assigner pour durée le temps nécessaire à l'exploitation de toutes les coupes. Si on limitait à un an la durée du contrat, on ne céderait par là même qu'une coupe, et ce serait une vente et non un louage qu'on aurait contracté, car on se serait servi précisément des formes et des dénominations qu'on emploie pour l'adjudication d'une coupe de bois, comme on peut s'en assurer en lisant l'art. 17 du Code forestier. Il faut donc accorder tout le temps nécessaire pour percevoir toutes les coupes accoutumées.

Lorsque le bois est annexé à un fonds, nous croyons que si ce fonds est peu considérable et que le bois soit très-grand, il devra être considéré comme l'accessoire du bois et être soumis aux mêmes règles. Mais si au contraire le bois n'est qu'une portion du fonds affermé, on peut présumer que c'est la perception des fruits des autres parties du fonds qu'on a eue en vue, et comme le nombre d'années formant la période de l'assolement des terres n'est pas le même que celui qui serait nécessaire pour faire toutes les coupes de bois, il faut opter entre l'un et l'autre, et il ne nous paraît pas douteux qu'on ne doive prendre le premier pour terme de la durée du bail.

Mais par cela seul qu'on est arrivé à la fin du temps nécessaire pour recueillir tous les produits du fonds, le bail doit-il cesser ? Oui, si nous nous en rapportons à l'art. 1775 ; mais grâce à un article qui se trouve dans la section commune aux baux à loyer et aux baux à ferme, il s'est élevé de nombreuses controverses. En effet, l'art. 1736 traitant de la manière dont le bail doit prendre fin, décide en termes exprès que l'une des parties ne pourra donner congé à l'autre qu'en observant les délais fixés par l'usage des lieux ; d'où on a conclu que toutes les fois qu'un bail serait fait sans écrit, soit qu'il s'agît d'une location urbaine ou d'un héritage rural, il y aurait nécessité, pour celle des parties qui voudrait le faire cesser, de donner préalablement congé à l'autre. Mais de son côté, l'art. 1775 veut que le bail cesse de plein droit à l'expiration du temps pour lequel il est censé fait. Voilà donc deux articles contradictoires : l'un exige un congé, l'autre le déclare inutile. Pour sortir d'embarras, une seule voie était ouverte, c'était de décider que l'art. 1736 n'était pas à sa place et ne devait s'appliquer qu'aux baux à loyer, tandis que l'article 1775 ferait loi pour les baux à ferme. Cette interprétation a été adoptée.

.orsqu'à l'expiration du bail le preneur reste et est laissé en posses-
n, il s'opère un nouveau bail, dont l'effet est réglé par l'art. 1774. C'est
:as de tacite réconduction ; mais la continuation de jouissance du pre-
r, tolérée par le bailleur, n'opère tacite réconduction que lorsqu'elle
nifeste clairement l'intention de former un nouveau bail. On n'a pas
porter de règles précises à cet égard. Il faut que la jouissance se soit
longée assez longtemps, ou ait été accompagnée de circonstances assez
ves, pour qu'il ne reste aucun doute sur le concours et l'existence des
sentements respectifs. Dans presque tous les pays, l'usage des lieux
ide qu'il y a réconduction lorsque le fermier est resté jusqu'à telle
que sur le fonds affermé, ou lorsqu'on l'a laissé exécuter certains tra-
x déterminés. C'est en consultant dans chaque pays les anciennes tra-
ions, les procédés employés pour la culture et la nature même du
rain, qu'on peut établir quelques règles, encore assez variables, qui
vent à guider l'appréciation des juges. Par la tacite réconduction,
tes les conditions du premier bail se renouvellent, excepté celle rela-
e à la durée qui est fixée, comme nous l'avons dit, d'après l'art. 1774.
Le fermier restant, dit l'art. 1777, doit laisser à celui qui lui succède
ns la culture les logements convenables et les autres facilités pour les
vaux de l'année suivante, et réciproquement le fermier entrant doit
ocurer à celui qui sort les logements convenables et les autres facilités
ur la consommation des fourrages et les autres récoltes restant à faire.
ns l'un et l'autre cas, on doit se rapporter à l'usage des lieux. En ef-
, la substitution d'un nouveau fermier à celui qui détient l'héritage ne
it pas se faire brusquement et en un jour. En même temps que l'un a
core besoin de rester sur les lieux pour achever sa jouissance, il y a
cessité pour l'autre de s'y introduire et de commencer ses travaux.
te présence simultanée des deux fermiers sur l'héritage ne peut avoir
u qu'à l'aide de mutuelles concessions et d'arrangements amiables.
Nous avons expliqué plus haut l'obligation du fermier sortant de lais-
ses pailles et engrais de l'année ; elle est nécessitée par les besoins
l'agriculture.
Telles sont les principales règles du contrat de louage des biens ruraux,
les bien importantes, puisqu'elles assurent à la nation entière sa ri-
esse, son bien-être, sa force et même son existence. Dans chacune
lles nous avons remarqué le soin avec lequel le législateur, tout en
nciliant les intérêts du propriétaire et du fermier, assure en même

temps ceux de la société. Du reste, il est bien rare, et c'est là ce qui rend la profession du laboureur si honorable, que ce qui lui est utile ne le soit pas en même temps à tous. Il ne peut acquérir l'aisance pour lui-même et pour sa famille qu'en fournissant à chacun de nous l'aliment qui lui donne la santé et lui permet de rendre à la patrie les services qu'elle a droit d'attendre de tous ses enfants.

QUESTIONS.

1° Si le locateur, sans attendre la fin du bail, avait fait remise au fermier d'une partie du prix de sa ferme, pourrait-il se rétracter devant l'abondance des années suivantes?

2° Le fermier est-il obligé à dénoncer au propriétaire les troubles de droit?

3° L'excédant de contenance de moins d'un vingtième donne-t-il lieu à une augmentation de prix?

4° La prohibition de bâtir imposée au propriétaire, dont les champs bordent une forteresse, lui donne-t-elle droit à une indemnité?

DROIT ADMINISTRATIF.

Des Servitudes Militaires.

(Ordonn. du 1ᵉʳ août 1821, lois des 10 juillet 1791, 17 juillet 1819, 30 mars 1831
et 3 mai 1841.)

Les servitudes militaires sont d'utilité publique, car elles ont pour but
garantir la sûreté du royaume : elles renferment l'obligation imposée
ᵡ habitants des villes et des campagnes de recevoir et de loger les
upes en marche ou les militaires isolés se rendant en congé ou retour-
t à leur corps, et surtout la prohibition de construire des édifices dans
tains rayons autour des forteresses. C'est de cette servitude, comme la
ncipale, que nous allons nous occuper : son importance est très-grande,
isqu'elle a pour but d'assurer la défense de nos places fortes, et pour
t immédiat de faire passer dans le domaine public des terrains qui
ient soumis aux règles de la propriété privée.

Nous devons examiner la question sous deux points de vue : ou la for-
esse existe déjà, et alors il nous faut montrer quelles prohibitions sont
tes aux propriétaires voisins ; ou il s'agit d'élever une nouvelle forte-

resse, et alors nous devons indiquer quelles seront les obligations des propriétaires voisins et les droits de l'État ; car chaque fois que le sol de l'emplacement qui va être fortifié et les terrains environnants n'appartiennent pas entièrement à l'État, il y a lieu à l'expropriation de toute la partie du sol qu'on va prendre sur les fonds communaux ou privés qui l'entourent. Notre matière est régie par l'ordonnance du 1er août 1821, et les lois des 30 mars 1831 et 3 mai 1841.

1° *Cás d'une forteresse déjà existante.*

Lorsque la forteresse existe déjà, la servitude imposée aux voisins est négative en ce sens qu'ils n'ont rien à faire, mais seulement à s'abstenir de toutes constructions sur les fonds environnants jusqu'à la distance déterminée par les lois et les règlements militaires. En effet, il faut autour des fortifications une certaine étendue de terrain qui, libre de constructions, ne puisse servir d'abri à l'ennemi en cas de siége, et entraver le système d'attaque et de défense des troupes assiégées. Cette étendue de terrain se nomme *rayon de défense* et se divise en trois zones, suivant l'importance des places et des armes qui la défendent. La première est de 250 mètres, la seconde de 450, la troisième de 974. Dans l'enceinte de la première zone, qui est la plus rapprochée de la fortification, il ne peut être bâti aucune maison ni élevé aucune clôture quelconque, à l'exception des clôtures en haies sèches ou en planches à claires-voies, sans pans de bois ni maçonnerie ; et les reconstructions totales des maisons, clôtures et autres bâtisses sont également prohibées dans la même zone de servitude, quelle qu'ait été et quelle que puisse être à l'avenir la cause de leur destruction. Dans l'enceinte déjà bien plus vaste de la seconde zone, il est défendu de bâtir ou reconstruire aucune maison ni clôture en maçonnerie ; mais au-delà des 250 mètres qui forment la largeur de la première zone, il est permis d'élever des bâtiments et clôtures en bois et terre, sans y employer de pierres ni briques, et avec la condition de les démolir immédiatement, et d'enlever les décombres et matériaux à la remière réquisition de l'autorité militaire dans le cas où la place délarée en état de guerre serait menacée d'hostilités. Néanmoins, le miistre de la guerre est autorisé à permettre, par exception à ces règles, des onstructions de moulins et autres semblables usines en bois, et même en maçonnerie, à condition qu'il n'y aura qu'un rez-de-chaussée, et à la harge pour les propriétaires de ne recevoir aucune indemnité pour démolition en cas de guerre. Dans la dernière zone, c'est-à-dire celle qui st comprise entre les 450 mètres de la seconde et les 974 de la troisième, est défendu de faire aucuns chemins levés ou chaussées, ni creuser ucuns fossés sans que leur alignement et leur position n'aient été concertés avec les officiers du génie et approuvés par le ministre de la uerre.

Les décombres provenant des bâtisses et autres travaux ne peuvent tre déposés que dans les lieux indiqués par les officiers du génie, sauf outefois ceux de détriment qui pourraient servir d'engrais aux terres, et our les dépôts desquels les particuliers ne doivent éprouver aucune gêne, ourvu qu'ils évitent de les entasser. Il est défendu dans toutes les zones e lever aucun plan topographique sans le consentement de l'autorité miitaire. Toutes les contraventions en cette matière sont réglées adminisrativement, et l'action doit être portée d'abord devant les conseils de réfecture.

2° Cas de construction d'une nouvelle forteresse.

Le droit de déclarer la paix et la guerre, et par suite de faire tout ce ui est nécessaire à la sûreté du royaume, appartient au chef de l'État; ar conséquent l'appréciation des circonstances qui constituent l'utilité ublique et la déclaration de cette utilité ne peuvent être soumises aux hambres quand il s'agit de travaux militaires : cette déclaration se fera onc par un décret, mais les fonds pour l'exécution des travaux seront otés par l'Assemblée législative.

L'utilité et l'urgence des travaux sont déclarés par l'Empereur. Si le anger semble imminent, un crédit extraordinaire s'ouvre par une ordonnance impériale sur l'avis du conseil des ministres. La procédure d'expropriation sera très-prompte. Le préfet transmet l'ordre d'entreprendre les travaux au procureur impérial de l'arrondissement dans lequel sont situés les terrains, et au maire de la commune, qui doit le faire connaître par tous les moyens de publicité. Le procureur impérial, de son côté, fait nommer un juge-commissaire par le tribunal; on lui adjoint un expert. Alors les parties se transportent sur les lieux : l'autorité militaire y est représentée par un officier de génie ou d'état-major, le domaine de l'Etat par un agent administratif et un expert nommé par le préfet, et les parties intéressées par leurs experts. Le juge-commissaire consulte l'expert nommé par le tribunal et dresse un procès-verbal des prétentions de chacun. Il fait ensuite tous ses efforts pour que les parties s'arrangent à l'amiable et conviennent d'une indemnité. S'il ne peut y réussir, l'estimation des terrains expropriés est prononcée par le tribunal dans les cinq ou dix jours suivants. Le jugement ne peut être attaqué devant la Cour de cassation que pour incompétence, excès de pouvoir ou vice de formes.

Mais les travaux de l'Etat peuvent n'avoir qu'une utilité temporaire, par exemple, l'établissement d'un camp. Il lui serait alors préjudiciable d'acquérir des terrains dont il n'a qu'un besoin momentané; aussi la loi l'autorise à les occuper passagèrement. La procédure est la même que pour l'expropriation. L'indemnité d'occupation doit être payée dans les six mois. Lorsque l'Etat cesse d'avoir besoin des terrains, il peut être dû une nouvelle indemnité pour les détériorations commises et pour la différence entre l'état des lieux actuel et l'état primitif, qui a dû être constaté par un procès-verbal descriptif (loi du 30 mars 1831). Si l'occupation dure trois ans, le propriétaire, auquel cet état de suspension peut être très-nuisible, a le droit d'exiger que l'Etat fasse l'acquisition des terrains; le fermier, de son côté, a droit à une indemnité.

Tout ce que nous venons de dire ne s'applique que pour les héritages non bâtis : aucune habitation ne peut être occupée temporairement, car les dégâts seraient bien plus considérables et la gêne plus grande pour les propriétaires.

Lorsqu'une ville est déclarée en état de guerre, les servitudes militaires deviennent plus graves, les lois ordinaires cessent d'avoir cours ; on peut faire abattre les maisons sans fixer la moindre indemnité. Les malheurs que chacun éprouve sont considérés comme des cas de force majeure, et restent à la charge de ceux sur lesquels ils frappent.

Rennes, le 1er août 1854.

DE LA BINTINAYE.

Vu pour l'impression,
Le Doyen, H. RICHELOT

www.ingramcontent.com/pod-product-compliance
Lightning Source LLC
Chambersburg PA
CBHW061709060726
47597CB00006B/2267